LES
LEÇONS DE LA GUERRE

PAR

LE GÉNÉRAL TAUFFLIEB

ANCIEN COMMANDANT DU 37e CORPS D'ARMÉE

SÉNATEUR DU BAS-RHIN

STRASBOURG
IMPRIMERIE ALSACIENNE
1920

LES
LEÇONS DE LA GUERRE

PAR

LE GÉNÉRAL TAUFFLIEB

ANCIEN COMMANDANT DU 37e CORPS D'ARMÉE

SÉNATEUR DU BAS-RHIN

STRASBOURG
IMPRIMERIE ALSACIENNE
1920

LES LEÇONS DE LA GUERRE

La guerre est terminée, mais elle n'est pas morte: elle vit encore dans les âmes allemandes. Le Boche ne peut pas nous attaquer, mais il rêve de revanche et ne veut pas croire à la défaite. Des hommes d'Etat âgés ont décrété l'Etat de paix, ils ont même partagé l'Europe et fait un Traité à Versailles dont nous demandons, à défaut de mieux, le maintien intégral, mais ils n'ont pu supprimer les cinq ans passés.

Pour huit ou dix classes de Français, la guerre a été l'entrée dans la vie; le coup de feu a été leur premier acte d'hommes. A ceux qui sortaient de l'enfance, qui n'avaient aucune responsabilité dans les actes du pays, qui avaient peu de choses à défendre on a demandé de sauver la France. Ils l'ont fait avec vaillance, ils ont dû renoncer à l'avenir, ils ont connu toutes les souffrances; combien sont tombés

*

pour ne plus se relever! Ils ont cependant délivré le monde de l'esclavage et de la barbarie.

Nous leur devons d'examiner maintenant, en toute sincérité, les erreurs ou les fautes commises, pour mesurer les responsabilités et surtout pour prendre les moyens de ne pas retomber dans ces erreurs, pour être prêts si un nouveau cataclysme se présentait.

Quoiqu'on dise et quoiqu'on fasse, quelles que soient les décisions des conférences internationales de la Haye ou les prescriptions de la Ligue des nations, la guerre ne disparaîtra jamais de la terre; aucun arbitrage ne pourra l'empêcher. L'homme avec ses passions n'a pas varié depuis sa création, les nations ne sont autre chose que des réunions d'hommes avec les mêmes défauts et les mêmes qualités.

Au commencement de 1914, nous avons tous été surpris par la violation de la Belgique et l'irruption des armées allemandes sur son territoire. Nous imaginions, dans notre naïveté, que les traités passés entre nations étaient des engagements sacrés et qu'aucun Etat ne reniait sa signature. La neutralité du petit royaume de Belgique était garantie par un traité signé par toutes les grandes puissances de l'Europe; l'Allemagne y avait apposé sa signature comme les autres Etats. Nous considérions la frontière de la Belgique comme inviolable et nous nous étions interdit tout mouvement de troupes françaises sur le territoire belge; mais l'Allemagne reniant sa signature, déchirant les traités que son chancelier Bethmann-Holweg appelait des «chiffons de papier», entrait en Belgique sans aucun avertissement, sans déclaration de guerre, sans même aucune provocation, dès les premiers jours d'août. Ses armées se portaient sur Liége et Namur pour prendre les vallées de la Meuse et de la Sambre et marcher ainsi sur Paris.

Le Grand Q. G. français n'avait jamais voulu croire à la possibilité de la violation de la Belgique. Le Général Joffre, dès 1912, avait été avisé par des membres du conseil supérieur de la guerre, qu'il y avait lieu de prévoir cette éventualité. A la suite d'un grand Kriegspiel qui avait été exécuté à Berlin et dont nous avions eu connaissance, il était établi que les Allemands, dans leur dispositif de concentration, réservaient sur leur aile droite, face à la Belgique, une masse de manœuvre de plusieurs corps d'armée, dont les deux corps de la garde. Le Général Michel, alors commandant de l'armée du Nord, avait fait part au Général Joffre de ses inquiétudes sur ce front; il avait même ajouté qu'à son avis les destinées de la France se régleraient vraisemblablement en Belgique; mais l'Etat-major général ne voulait pas admettre cette hypothèse et le Généralissime avait répondu avec beaucoup d'assurance: «les Allemands ne violeront pas la neutralité belge, en conséquence nous ferons de même».

Cette éventualité ne fut donc jamais envisagée, les plans de transport ne furent jamais préparés dans cette direction et il fallut, au moment où l'évidence nous y contraignit que le 4e Bureau de l'Etat-major général réalisât pendant quatre jours et quatre nuits un tour de force pour amener l'armée W (l'armée anglaise) du côté de la Belgique.

Tandis que, d'une part, nous négligions de prévoir l'éventualité de l'invasion allemande par la Belgique, nous détruisions d'autre part l'organisation de notre service de renseignements. Nos agents du 2e bureau étaient réduits et soustraits à toute direction militaire; nous n'avions plus que peu de renseignements sur les préparatifs de l'Allemagne. Nous ignorions sa concentration. Les écrivains militaires allemands entretenaient soigneusement chez nous cette idée que l'Allemagne, dès la déclaration de guerre, ferait une attaque brusquée sur Nancy et la Meuse et que, sans attendre la fin de sa mobilisation, elle pénétrerait chez nous, pour empêcher notre concentration. Nous ignorions aussi que l'Allemagne constituait avec chacun de ses corps d'armée actifs un corps d'armée de réserve et un corps d'armée de landwehr, utilisant ainsi toutes ses forces dès le début, pour frapper un coup décisif avec cinq ou six millions de soldats. Nous, au contraire, nous ne voulions pas admettre que la nation *tout entière* devait, dès le premier jour, être utilisée pour la défense du territoire; nous conservions dans les dépôts trois millions cinq cent mille hommes sans emploi, sans armes, et inorganisés. Les Allemands exécutaient, sans être inquiétés, toute leur mobilisation et, leur concentration achevée, se portaient en avant, entre les Vosges et la Sambre, comme un bataillon carré, à la rencontre de nos armées mobilisées qui comprenaient à peine quinze cent mille hommes. Les Allemands confiaient aux Autrichiens avec deux ou trois corps d'armée prussiens le soin de faire face à la Russie.

Dès le début nous étions dans une situation numérique très inférieure par rapport à l'ennemi; nous n'opposions que vingt-deux corps d'armée et quelques divisions de réserve, à près de cinquante corps d'armée allemands. Nous n'avions que nos corps d'armée du temps de paix mobilisés et trois groupes de divisions de réserve affectées à la défense des Places fortes et des Hauts-de-Meuse. Notre armée territoriale comprenait à peine quelques brigades de place; les autres unités territoriales étaient seulement organisées en bataillons et encombraient les dépôts, sans avoir aucune affectation.

Chacun de nos corps d'armée comprenait bien une brigade de réservistes, mais cette brigade était destinée à l'escorte des convois, à l'organisation du champ de bataille; on ne comptait guère sur elle pour la bataille proprement dite. Alors que le corps d'armée allemand disposait de groupes d'artillerie lourde, de batteries de 105, de 150 et de 240, nous ne possédions pas d'artillerie lourde de corps d'armée; nous avions à peine, pour toute l'armée, quelques batteries du type Rimailho et quelques batteries de 120, vieux modèle, portant à 7000 mètres au maximum. Nous n'ignorions cependant pas l'organisation de l'artillerie allemande, car l'aide-mémoire d'Etat-major allemand contenait les renseignements les plus précis.

L'armée anglaise venait à peine de débarquer

qu'elle était envoyée en toute hâte à notre aile gauche pour la prolonger, mais, malgré son appui, nous étions encore dans une situation numérique très inférieure, submergés sous le flot allemand qui nous débordait par la Belgique. Les Boches, appliquant les principes de Clausewitz, négligeaient Paris pour marcher contre les armées alliées qui, après leur retraite, s'étaient arrêtées sur la Marne pour faire tête à l'adversaire. Joffre maintenait l'ennemi de front, de Revigny à Meaux, et lançait l'armée de Paris qui, grâce à la décision de Galliéni, avait été portée dans la direction de l'Ourcq, sur l'aile droite ennemie, la prenait de flanc et à revers et lui infligeait la défaite de la Marne.

Malheureusement nous ne pûmes exploiter complètement ce succès. Nous n'avions plus de munitions; les réserves d'obus qui auraient dû être prévues, dès le temps de paix, étaient inexistantes. Nos arsenaux et nos usines, désorganisés par la mobilisation, n'étaient pas en état de fonctionner et ne pouvaient fournir aux armées les projectiles nécessaires. Rien n'avait été prévu pour la guerre. Nos mines de fer et de charbon du bassin de Briey étaient aux mains de l'ennemi; nous étions obligés de demander le fer à l'étranger et d'improviser de toutes pièces ce que nous n'avions pas préparé. Les Allemands, après leur échec, par suite de notre imprévoyance, eurent le temps de reprendre haleine, de se remettre et de se réorganiser derrière les lignes de tranchées qu'ils avaient rapidement creusées.

Les deux armées s'arrêtaient en face l'une de l'autre et se fortifiaient de l'Oise jusqu'aux Vosges. Dans les Flandres, les Allemands, après la prise d'Anvers, recouvraient les forces employées devant cette place et marchaient dans la direction: Lille-Dunkerque. De notre côté, Joffre prenait toutes les unités disponibles dans l'Est et les faisait glisser vers le Nord pour prolonger notre front à la gauche des Anglais, et faire face à l'enveloppement que les Allemands tentaient de ce côté. C'est la course à la mer où nous arrêtons également le Boche.

Le Général Foch, à Cassel, prenait le commandement de toutes ces unités (divisions, brigades) qui arrivaient successivement et constituaient l'armée des Flandres. Il s'entendait avec les Anglais qui tenaient Ypres et consolidait le front nouveau qui partait d'Armentières pour se terminer à la mer du côté de Furnes.

Des deux côtés le front se stabilise par l'établissement de lignes de tranchées continues.

Le champ de bataille n'est plus qu'une série de tranchées ininterrompues s'étendant de la mer du Nord à la Suisse, de Furnes à Belfort. Nous entrons dans la seconde phase de la guerre, la phase de complète cristallisation. Le front de chaque côté représente une immense place forte dont il faut maintenant faire le siège. La guerre de mouvement se transforme en une guerre de siège, entraînant avec elle des besoins nouveaux. Des deux côtés les lignes de tranchées s'approfondissent et s'organisent; il faut creuser la terre pour s'y loger. La pierre, le ciment, les rondins, les blindages deviennent le complément des terrassements. La pelle et la pioche sont indispensables aux fantassins. Les réseaux de fil de fer barbelé viennent s'étaler en avant des tranchées. Il faut vivre sous terre; des boyaux de communication sont creusés pour relier les tranchées à l'arrière; il faut être invisible et en même temps s'abriter. Les batteries elles-mêmes doivent être enterrées pour ne pas être vues de l'ennemi. Le camouflage vient compléter l'organisation des lignes pour tout dissimuler et tromper l'adversaire.

Le téléphone et le télégraphe sont les seuls moyens que l'on puisse employer pour assurer les communications. Pour les liaisons de troupes avec les postes de commandement, pour la transmission des ordres ou des renseignements, pour la liaison des batteries avec les observatoires et les commandants de l'artillerie, de véritables bureaux télégraphiques et téléphoniques sont installés.

Les mitrailleuses deviennent les armes essentielles de la défense, elles remplacent le fusil; chaque saillant, chaque rentrant, chaque bosse ou accident de terrain abrite une mitrailleuse, de manière à couvrir de feux le terrain en avant et à flanquer les réseaux de fil de fer.

La lutte se poursuit également sous terre, car la guerre de mines avec tout le matériel qu'elle nécessite vient s'ajouter à la guerre de tranchées. Pour ce nouveau genre de guerre, l'Allemagne avait aussi tout prévu pendant la paix. De nombreuses mitrailleuses avec les approvisionnements nécessaires ont été fabriquées et sont données à toutes les unités en ligne. De nouveaux groupes d'artillerie lourde ont été préparés, le matériel a été construit, et ces batteries viennent renforcer les groupes lourds des corps d'armée. Nous voyons apparaître toute une série d'engins nouveaux, étudiés et réalisés par les Allemands, soigneusement cachés avant la guerre et dont nous ignorions l'existence; ce sont les grenades, les lance-mines, les lance-flammes; enfin des gaz meurtriers de toute espèce sont déversés sur l'adversaire, au mépris de toutes les conventions humanitaires admises par la Croix-Rouge de Genève.

Le commandement boche prescrit à ses troupes d'employer tous les moyens de destruction possibles, posant en principe qu'en toutes choses il ne faut voir que le but, le résultat. Massacrer des femmes, des enfants, des prisonniers, même en les faisant souffrir, détruire les propriétés privées, les églises, les musées, les usines, les cultures, couper les arbres fruitiers, même sans aucune nécessité militaire, tels sont les ordres donnés par le commandement allemand. Il semble incroyable qu'au vingtième siècle, un peuple civilisé ait pu employer de telles méthodes pour faire la guerre.

Il fallut bien chercher à nous défendre contre de tels actes de sauvagerie et nous fûmes obligés d'y répondre par les mêmes moyens. Nous dûmes d'abord chercher la composition des nouveaux engins employés, puis créer un matériel qui nous permit de parer à leurs effets destructeurs; il ne fallait pas seulement monter des usines pour construire ce matériel, il fallait d'abord organiser des laboratoires, avec tout un personnel de chimistes, de physiciens, d'électriciens et d'ingénieurs pour définir les matières que l'ennemi employait et en trouver d'autres plus nocives encore. Enfin avec cette guerre de tranchées où chacun cherchait à tout rendre invisible à son adversaire, il fallait trouver de nouveaux appareils optiques, électriques et acoustiques permettant de découvrir et d'observer l'ennemi sans se montrer et de transmettre les observations sans que l'ennemi en eût connaissance; en même temps il fallait capter les renseignements que l'ennemi transmettait. D'où nécessité d'avoir de nombreux téléphones et microphones, de nombreuses lunettes ou jumelles à grande puissance, des périscopes de toutes dimensions, enfin des appareils spéciaux pour le réglage du tir par le son ou par les lueurs, méthodes que nous ignorions. Là encore la guerre nous surprit en état d'infériorité: les Allemands possédaient un matériel optique, électrique et acoustique supérieur au nôtre. Les jumelles à ciseaux, les périscopes, les microphones faisaient partie du matériel de toutes les batteries allemandes, ce qui leur permettait un réglage du tir bien plus précis que le nôtre, car nous n'avions, en 1914, que l'archaïque lunette de batterie qui ne servait qu'à mieux nous faire repérer.

Pendant toute cette phase de la guerre, nous faisons quelques attaques en certains points du front, mais nous n'obtenons jamais qu'un petit succès local qui a surtout un résultat moral et dont l'unique but est de donner satisfaction à l'opinion publique. Toutes les opérations sont faites uniquement en vue du communiqué et les résultats acquis sont bien loin de compenser les pertes considérables que nous éprouvons. Chaque Commandant d'armée veut sa petite attaque, son coup de main hebdomadaire: c'est l'absence de toute direction d'ensemble.

Les Allemands font d'ailleurs de même, et leur expérience devant Verdun leur est cruelle. Voulant s'emparer de cette place à toutes forces, pour frapper un grand coup et terminer ainsi la guerre, ils subissent dans leurs attaques des pertes énormes et n'obtiennent pas de résultats avantageux. Après une préparation montée avec leur maximum de moyens, ils gagnent effectivement quelques kilomètres, mais ils sont forcés de s'arrêter, épuisés, sans arriver plus loin que sur la ligne des forts avancés où le front se cristallise de nouveau. Les Boches, non seulement avaient perdu des milliers d'hommes pour un bien maigre résultat, mais l'effet moral était considérable. Verdun, dont la chute avait été annoncée par les Allemands dans tout l'univers, n'était pas pris; les forts de la place tenaient encore et le succès de nos ennemis devenait un véritable échec. Chez nous au contraire le moral était exalté, nous avions arrêté la grande attaque allemande et infligé une défaite à l'armée du Kronprinz.

Pendant les années 1915 et 1916, rien n'est changé aux méthodes employées. Les instructions données par le Grand Q. G. précisent les méthodes à suivre pour les attaques. Tout est schématisé et réglementé: le nombre et le calibre des canons à employer par kilomètre de front d'attaque, le nombre de tonnes de fonte ou d'acier à diverser sur ce front, le nombre de bataillons à employer, etc. Toute attaque se résume dans une préparation de plus en plus intensive sur le front envisagé et dans l'exécution faite par un nombre de divisions déterminé. La préparation en est assurée dans les détails les plus minimes; des plans à petite échelle précisent l'emplacement de chaque batterie, les liaisons à établir, les observatoires à occuper, les objectifs à atteindre, les emplacements de départ des troupes d'attaque; des tableaux joints à ces plans indiquent le nombre des vagues d'assaut, leur formation et la cadence de leur marche, la nature et le nombre de projectiles à employer, la cadence du tir, le matériel télégraphique et téléphonique à installer, etc. etc.

Tout est prévu dans le plan d'attaque; seule l'heure H, qui déclanchera l'exécution, est tenue secrète jusqu'au dernier jour, mais les préparatifs en sont connus de tous. Les avions ennemis peuvent lire sur le sol tout le travail préparatoire; l'ennemi est prévenu, il sait qu'il sera attaqué dans tel secteur; il peut à l'avance organiser la parade et il attend l'heure H que seule il ne connaît pas. A partir du moment où l'heure H a sonné, le commandement n'intervient plus. Le projectile est lancé, il ne peut plus recevoir de nouvelles directives. Tout le système est tellement rigide et arrêté dans ses plus petits détails qu'il n'y a plus rien à faire pour le chef que d'attendre dans son bureau, au bout du téléphone, le résultat des ordres donnés. Le Général en chef, le Commandant du groupe d'armées, le Commandant d'armée, les Commandants de corps d'armée n'ont plus aucune action sur leurs troupes; ce sont les commandants des bataillons de première ligne qui seuls règlent la bataille. L'action du commandement est nulle, il n'y a plus aucune relation entre la préparation et l'exécution.

Les grands principes qui doivent servir de base à toute opération de guerre: la surprise et la manœuvre, sont complètement négligés. Il ne peut y avoir de surprise: l'ennemi, pendant les semaines qui précèdent, a vu sur les photographies de ses aviateurs tous les préparatifs de l'attaque; il se tient sur ses gardes. La manœuvre est inexistante; tous les points du front sont attaqués en même temps, de la même manière, avec la même intensité et avec le même effectif. Il n'y a aucune idée stratégique, c'est le combat de front de l'époque du Grand Frédéric, dans toute sa splendeur. L'attaque est menée à coups d'hommes et donne de maigres résultats. Le facteur moral est aussi oublié. Les divisions sont des fiches interchangeables; elles ont toutes la même valeur; telle division qui connaît bien son front, car elle l'occupe depuis un certain temps, est enlevée la veille de l'attaque, pour être employée dans un autre secteur qui lui est complètement inconnu.

Le commandement français (Général Pétain) ne demande le succès qu'au matériel; c'est le canon qui doit tout écraser, faire le vide devant soi et lorsqu'il ne reste plus rien, l'attaque se produit. Il n'y a aucune idée tactique ni stratégique, il n'y a que l'idée de destruction. L'artillerie doit ouvrir le chemin à l'infanterie, c'est exact, mais la manœuvre doit se combiner avec le canon. Tous les points attaqués n'ont pas la même importance. De plus, le canon ne peut agir que dans la limite de sa portée et ne suit pas l'infanterie; il arrive forcément que l'attaque s'arrête dès qu'elle franchit cette limite. Les nids de mitrailleuses installés par l'ennemi sur ses deuxièmes positions arrêtent nos premières lignes et comme l'artillerie adverse, en batterie plus en arrière, n'a plus à répondre à la nôtre qui est trop loin, elle écrase de son feu nos premières lignes qui subissent à ce moment des pertes considérables. Il faut de nouveau demander au matériel de nous protéger contre cette pluie de fer, à laquelle nous ne pouvons pas répondre. Ce n'est jamais à la manœuvre que nous faisons appel, c'est à l'inventeur que nous demandons de remplacer le tacticien. Nous ne pensons plus qu'au matériel et, d'une part nous voyons apparaître les tourelles blindées, les boucliers, les plaques d'acier chromé, etc., en même temps que d'autre part nous cherchons des mortiers et des canons puissants pour détruire plus loin les tranchées, les abris, les réseaux de fil de fer, etc. La puissance des attaques se mesure au nombre de tonnes d'explosifs déversés. Des grenades de toute espèce sont inventées pour aider les troupes d'attaque. Les mitrailleuses, les fusils-mitrailleurs et les Viven-Bessière deviennent l'armement principal du fantassin auquel on donne aussi un canon léger d'accompagnement, le canon de 37. Enfin une artillerie nouvelle à grande distance fait son apparition. Cette artillerie dont l'effet est plutôt moral que réel doit agir sur les lignes de chemins de fer, les gares importantes, les ponts, les bifurcations, les dépôts de munitions, etc.

Pendant ces deux années 1916 et 1917, nous ne voyons nulle part une unité d'action; chaque Commandant d'armée agit pour son compte. Il n'y a que des opérations décousues. La concentration des efforts n'existe que pour les questions de matériel. Dès qu'une attaque est décidée sur un point, le commandement fait diriger sur le secteur d'attaque tout le matériel dont il dispose; c'est alors une vaste concentration d'artillerie dans ce secteur, mais sans aucune action combinée avec d'autres secteurs. Chaque armée forme un groupement autonome qui opère pour lui seul. Elle attaque dans son secteur à un moment précis, mais sans aucune relation avec les armées voisines.

Pour l'action, le commandement est limité à l'armée. Le groupe d'armées a bien été organisé, c'est vrai, mais son action ne s'étend pas aux opérations. Ce n'est qu'une action de contrôle ou de conseil. Le groupe d'armées donne des instructions détaillées sur la façon d'organiser les lignes, de constituer les centres de résistance, l'emploi des grenades; il va jusqu'à réglementer l'emplacement des postes de guetteurs. Il s'occupe uniquement de toutes ces questions accessoires et justifie surtout son existence par la demande de nombreux états et de situations journalières; enfin, et c'est son travail principal, il établit les propositions pour la décoration et pour l'avancement.

Comme dans cette période le commandement unique n'existe pas, on peut dire qu'il y a de la mer du Nord à la Suisse deux grandes armées et, du côté français, huit ou dix armées, qui opèrent chacune pour leur compte, sans coordonner leurs actions, comme si elles étaient chacune isolée dans l'espace. L'armée française opère de la Suisse à St-Quentin, l'armée anglaise de St-Quentin à la mer du Nord. Chacune de ces armées a son commandant en chef; des officiers de l'une assurent bien, dans chaque Grand Q. G., la liaison avec l'autre, pour lui faire connaître ce qui se passe devant son front; mais il n'y a aucune liaison dans les opérations.

Nous avons un exemple frappant, en 1917, des inconvénients graves résultant de l'absence du commandement unique pour les deux armées. Au moment des opérations devant Cambrai, les Anglais, grâce à la surprise produite par leurs tanks, obtiennent, dès le premier jour, des résultats remarquables. Ils percent, sans grandes pertes, les lignes allemandes et arrivent jusqu'aux faubourgs de Cambrai. Les Allemands sont en complet désarroi; mais l'attaque restant limitée à ce front, ils se ressaisissent, amènent des renforts, et les Anglais sont contraints de s'arrêter devant les contre-attaques répétées de l'ennemi. A droite, l'armée française, pendant cette attaque, se tient complètement inactive; elle demeure l'arme au pied sans intervenir et sans profiter du désordre produit chez l'adversaire.

Il n'y eut aucune entente préalable, ni avant, ni pendant l'opération. Si, au même moment, nous avions agi sur la droite anglaise, vers St-Quentin, la Fère, Soissons, nous profitions de l'attaque anglaise, nous l'aidions dans son succès et nous pouvions peut-être obtenir également de sérieux avantages. Nous laissâmes les Anglais agir seuls, et lorsque nous nous décidâmes à intervenir, il était trop tard; l'attaque anglaise était brisée comme toutes les autres attaques et le front était de nouveau cristallisé.

En 1918, sur les instances du Général Pétain, Commandant en chef des armées françaises du Nord-Est, le front anglais est étendu jusqu'à Coucy-le-Château. Le Général Pétain aurait même désiré qu'il allât jusqu'à Berry-au-Bac, mais le Général en chef de l'armée anglaise n'accédait pas à cette dernière demande et se refusait à dépasser Coucy. La 5ème armée anglaise (Général Gough) venait garnir le front qu'occupait la 3e armée française, qui appuyait du côté de Soissons. La ligne la plus courte allant du front allemand à la capitale de la France, à Paris, passait ainsi à la jonction des armées française et anglaise. La route directe de Paris traversait le point le plus faible du front, la soudure entre les deux armées. Il était donc de toute nécessité d'étayer cette partie du front très solidement en arrière, avec des réserves disposées à proximité et prêtes à intervenir à la première alerte. La deuxième position devait avoir une garnison de défense pouvant l'occuper au premier signal, de manière à arrêter toute attaque survenant en cette partie sensible du front. Des réserves bien articulées, une masse de manœuvre désignée à l'avance, devaient avoir été prévues pour couvrir la direction de Paris, pour arrêter à tout prix une attaque sérieuse se produisant dans ce secteur.

Cette préparation demandait une entente et une action combinée entre les armées française et anglaise, un plan très étudié, connu des troupes qui devaient l'exécuter et pouvant être réalisé sur le champ. Aucune de ces mesures n'avait été prise. L'absence de commandement unique, le peu de confiance que le généralissime français avait dans les Anglais, le souci de défendre le front français avant tout, furent cause de la faiblesse de la soudure. Il n'y avait aucune réserve en arrière; la direction de Paris était entièrement découverte, car chacune des deux armées avait ses réserves principales en arrière de son centre propre, en arrière de son centre de gravité; c'était Amiens-Frévent pour l'armée anglaise; c'était Fismes-St.-Menehould pour l'armée française.

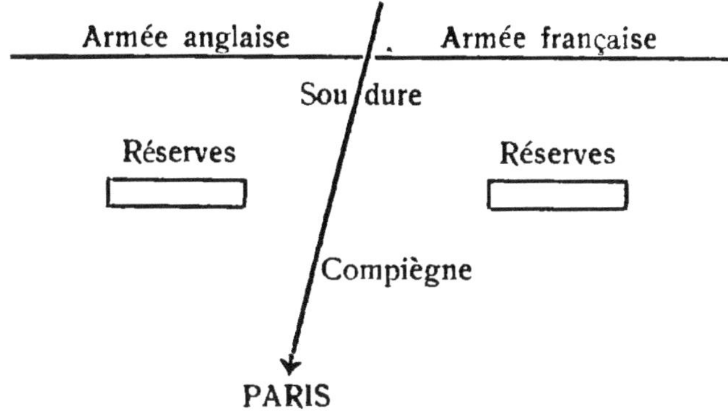

Chaque armée comptait sur sa voisine pour la protéger à son extrémité, mais aucune enfente, aucune. disposition n'était prise pour cette protection.

Le Général Pétain n'osait rien demander à l'armée anglaise, si ce n'est une extension de son front. Il prétendait que ses effectifs lui permettaient de tenir le front jusque près de Reims. Le Maréchal Haig s'y refusait toujours, estimant que son front était déjà très mince et qu'il ne pouvait l'étirer davantage.

Les Allemands eurent vite remarqué cette situation; ils s'étaient rendu compte de la faiblesse de la charnière anglo-française et firent de leur mieux pour ne pas éveiller nos craintes.

Ce secteur était devenu très tranquille, et en arrière, sans être vus, ils préparaient dans le plus grand secret leur attaque. Brusquement, au milieu de mars 1918, après une très courte préparation, mais avec un déploiement considérable de divisions, appuyées par des tanks, les Allemands se jettent sur le front anglais, près de la charnière. Cette attaque est menée avec une telle rapidité qu'en trois jours ils arrivent devant Noyon, après avoir rompu toutes les lignes. Le front est percé, Compiègne est menacé; le Grand Quartier français est forcé de se replier dans un complet désarroi.

Le 21 mars les Allemands sont à 80 kilomètres de Paris, n'ayant plus devant eux que quelques divisions que l'on a amenées rapidement en camions; certaines de ces divisions n'ont même pas eu le temps d'emporter toutes leurs cartouches. Ceux qui ont vu à ce moment l'état d'affolement du G. Q. G., furent péniblement impressionnés par le pessimisme qui y sévissait. Tout paraissait perdu. Le dimanche, 24 mars, le Général Pétain rédigeait l'ordre de repli général : l'armée Degoutte devait se retirer sur la Ferté-sous-Jouarre. Haig, de son côté, après l'ordre de recul de Pétain, prescrivait à l'armée anglaise de se replier sur ses bases. Si cet ordre de repli s'exécutait, les armées anglo-françaises étaient coupées en deux, les Allemands avaient la route de Paris complètement libre. C'était la défaite. Clemenceau lui-même, sous l'influence du généralissime, n'avait plus confiance et voyait la situation tout en noir.

La rupture du front était due à cette absence de commandement unique, à l'absence d'une direction continue et combinée dans les opérations. Le commandement français avait demandé aux Anglais une extension de front qu'ils ne pouvaient assurer solidement qu'avec l'appui de l'armée française. Le principe essentiel de la concentration des efforts avait été remplacé par le principe de la dissociation des efforts. Pas de réserves en arrière du point le plus sensible du front. Paris n'était pas couvert, car pour l'armée française son centre d'attraction était: Reims, Châlons.

La nécessité d'un commandant en chef de toutes les armées, qui s'imposait depuis longtemps, était maintenant devenue indispensable, mais il fallait trouver ce Chef. Le sauveur de Verdun avait évidemment de brillantes qualités militaires, mais il n'aime pas l'attaque: c'est un timide qui ne veut que se défendre, et craint les risques. Il n'a confiance que dans la fortification; le tempérament d'un grand chef, le goût et le sens de l'offensive lui font défaut. [1] Ce n'est plus la même chose de commander une armée sur un front étendu avec des ressources presque illimitées et un objectif unique et bien déterminé, et de commander une armée dont le front s'étendait de la Suisse à la mer du Nord. Tout le monde n'est pas Napoléon.

Les expériences de Cambrai, de Noyon, du Chemin-des-Dames avaient montré le besoin d'avoir un chef qui commandât, un chef qui, doué d'une grande énergie et d'une haute valeur militaire, ne se laissât pas influencer par ses sous-ordres directs, qui eût le courage de tenter certains risques produisant de réels résultats, un chef enfin inspirant confiance à tous.

Il nous fallait un homme de premier plan. Le Général Foch était le seul qui réunît toutes ces qualités. Quand, dans la nuit du 28 au 29 mars, après la prise de Noyon, Pétain, très

---

[1] Ainsi que le sentiment de l'opportunité des mesures qu'il prend. Au lendemain de l'armistice, par exemple, il a refusé aux officiers d'origine alsacienne et lorraine l'autorisation de rentrer dans leur pays natal avec nos troupes. Ce veto inexplicable a causé une vive surprise.

anxieux, exposait devant le Président de la République, Clémenceau, Lloyd Georges et le Général Foch son plan de retraite, l'abandon de toutes nos positions si chèrement tenues, le Général Foch levant les bras s'écriait: «Mais il faut d'abord battre l'ennemi là où il se trouve, avant de se retirer!» Cette exclamation était la condamnation même des méthodes défensives du commandement français. Le Général Foch indiquait clairement qu'il fallait agir avant de s'en aller, qu'il fallait attaquer l'ennemi et ne pas toujours subir son attaque; il fallait enfin abandonner ce système qui consistait depuis trois ans à parer les coups plutôt que de chercher à frapper. Le Général Foch s'affirmait le seul chef capable de rétablir la situation.

A la demande du Conseil Supérieur des alliés, le Général Foch était placé à la tête de toutes les armées alliées. L'unité de commandement était enfin réalisée. Il avait fallu quatre ans et la nouvelle menace sur Paris pour arriver à l'unité de commandement qui seule pouvait assurer la victoire.

On peut dire que, dès cette nuit, l'aspect des opérations change assez rapidement. Les instructions rigides qui réglementaient d'une façon mathématique toutes les opérations sont abandonnées. La surprise et la manœuvre constituent les facteurs principaux des opérations. Nous revenons aux principes que nous n'aurions jamais dû oublier. Les Allemands tentent bien une formidable attaque sur l'Aisne; ils arrivent jusqu'à Château-Thierry, mais échouent devant Reims où Gouraud leur inflige une défaite complète. Les opérations, qui pendant trois ans n'avaient donné que peu de résultats, sont à partir de ce moment reprises avec vigueur sur tout le front. Il y a coordination des efforts, convergence de toutes les activités, entente de toutes les armées alliées vers un seul but, la bataille. L'action et la pensée *offensive* du chef se manifestent sur tout le front et animent toutes les troupes, les armées française, anglaise et la jeune armée américaine qui commençait à apparaître sur les champs de bataille. On peut dire qu'il n'y a plus, à partir d'avril 1918, qu'une seule armée, l'armée des alliés qui attaque sans arrêt l'ennemi sur tout le front et finalement le domine partout. C'est la victoire active; nous subissons des pertes moindres, nous progressons partout en gagnant de nombreux kilomètres dans toutes les directions. L'Allemagne battue de toutes parts implore la paix, pour protéger son territoire. L'Alsace est reconquise. C'est à Foch que nous devons notre libération.

Quelles leçons faut-il retirer de ces quatre années de guerre? Par l'étude attentive des faits, par les résultats obtenus, nous avons pu toucher du doigt les erreurs ou les imprévoyances, celles d'avant guerre, et celles de la guerre; ayons le courage de les avouer et prenons dès à présent les mesures nécessaires pour qu'elles ne se renouvellent pas. Nous pouvons les résumer comme suit:

1^0 — *Absence de renseignements sur l'ennemi, dès le temps de paix.* Nous avions désorganisé notre service de renseignements et notre service d'espionnage; nous ne connaissions pas l'organisation de l'armée allemande en vue de la guerre; nous ignorions les détails de sa préparation, ses approvisionnements, le matériel dont elle disposait et la répartition de ses armées; nous ignorions sa concentration et nous ne voulions par croire à l'attaque par la Belgique. Nous étions hypnotisés sur Nancy et la Meuse.

2^0 — *Préparation incomplète (hommes et matériel).* Toutes nos ressources en hommes, toutes nos classes utilisables, réservistes et armée territoriale, devaient être employées, dès le début, pour frapper sur l'adversaire avec le maximum d'efforts et produire un coup décisif. Il fallait encadrer toutes nos ressources et les mobiliser pour la guerre au lieu de les laisser inoccupées dans les dépôts. Tout l'armement, fusils, mitrailleuses, canons, munitions, tout le matériel d'habillement et d'équipement nécessaires pour l'utilisation immédiate de toutes nos classes auraient dû exister dès le temps de paix, prêts à être distribués immédiatement dès l'ordre de mobilisation. Le ministre de la guerre devait être au courant de toutes les inventions nouvelles utilisables pour la guerre, et avoir étudié et préparé les moyens de les appliquer à la guerre, dès que celle-ci éclaterait. Nous aurions dû, comme les Allemands, avoir à notre portée de nouveaux explosifs plus puissants, prévoir l'utilisation des gaz de toutes espèces et les moyens d'y parer, connaître et posséder les nouveaux appareils optiques, acoustiques, télégraphiques et téléphoniques dont disposaient les Allemands; enfin organiser l'emploi étendu des ballons et surtout des avions et leur construction sur une très grande échelle.

3° — *Absence de préparation de la mobilisation de nos ressources industrielles, en vue de la guerre.* Nous n'avions pas réfléchi un seul instant à la quantité considérable de projectiles qui nous seraient nécessaires journellement pendant la guerre, ni aux moyens de produire ces projectiles. Mais il fallait non seulement prévoir le remplacement ou le renouvellement des munitions de toute nature; il fallait aviser aussi au remplacement des canons, des fusils, des mitrailleuses, de tout le matériel nécessaire. Nos arsenaux, nos usines n'avaient plus de personnel: il était mobilisé et non remplacé; nous n'avions plus de matières premières. Nous dûmes reconstituer pendant la guerre nos arsenaux, nos manufactures, nos usines avec un personnel rappelé du front et demander à l'étranger les matériaux qui nous faisaient défaut. Enfin nous étions obligés de créer des laboratoires et des usines spéciales pour les études et la fabrication de toutes les nouveautés que la guerre nous contraignait de produire sans arrêt.

4° — *Absence d'un commandement unique. Inconvénients de la dualité de commandement.*

Il est incompréhensible que le G. Q. G. ne se soit pas aperçu, dès le début, des inconvénients qui résulteraient de cette dualité de commandement: commandement français d'une part, commandement anglais d'autre part. Il y avait de ce fait, sur ce front unique, s'étendant de la mer du Nord à la Suisse, deux théâtres d'opérations différents, deux armées juxtaposées agissant chacune suivant ses aspirations. Il ne pouvait y avoir de coordination, ni de succès possible avec ce double commandement. Le cerveau unique, assumant le commandement unique, aurait dû exister dès 1914; nous aurions eu la convergence des efforts, la tension de toutes les volontés vers un même but et nous aurions évité les erreurs et les surprises de 1915, de 1916 et de 1917.

Ce commandement unique, organisé dès 1914, avec un état-major comprenant des officiers de toutes les armées alliées, devait être l'organe directeur de la guerre; c'était lui qui était le G. Q. G. de toutes les armées alliées; c'était lui seul qui recevait les directives du Gouvernement; les autres Grands Quartiers Généraux ne devaient être que des exécutants dans l'orchestre dont le seul maître était le Commandant en chef de toutes les armées alliées.

Il est certain que si, après le départ du maréchal Joffre, le commandement unique avait été organisé avec le Général Foch, assisté d'un état-major choisi par lui, nous n'aurions pas été cristallisés pendant trois ans, nous n'aurions pas été hypnotisés par de petites attaques isolées qui ne donnaient que des résultats disproportionnés aux pertes subies; nous aurions probablement combiné nos opérations avec celles de l'armée anglaise: la victoire serait venue quelques mois plutôt.

Méditons ces leçons, faisons-en notre profit pour l'avenir, travaillons sans cesse, surveillons toujours notre adversaire qui ne se croit pas complètement battu et n'oublions pas que toujours l'unité de commandement est la condition et la certitude du succès.

GÉNÉRAL TAUFFLIEB
ANCIEN COMMANDANT DU 37e CORPS.